Paul Posener

# Grundriss des gesamten deutschen Rechts in Einzelausgaben

## 9. Band: Zivilprozess.

J. Heines Verlag.
Berlin.

Preis 90 Pf.

# Grundriß
des gesamten
# deutschen Rechts
in Einzelausgaben
von
**Paul Posener.**

9. Band.

# Zivilprozeß.

Berlin 1900.
J. J. Heines Verlag.

# Abkürzungen

der geltenden Gesetze. (Die früheren Gesetze werden regelmäßig vollständig genannt.)

B = Bürgerliches Gesetzbuch.

C = Strafprozeßordnung. (C von Carolina!)

E = Einführungsgesetz zu —.

G = Gerichtsverfassungsgesetz.

H = Handelsgesetzbuch.

K = Konkursordnung.

L = Landesrecht.

M = Militär= —.

R V = Reichsverfassung.

S = Strafgesetzbuch.

V U = preußische Verfassungsurkunde.

W = Wechselordnung.

Z = Zivilprozeßordnung.

Die folgende Zahl giebt den Artikel oder Paragraphen an.

# Vorwort.

Von der folgenden Darstellung des geltenden Zivilprozeßrechts sind — der Gesamtanlage meines Grundrisses entsprechend — einzelne Materien auszuscheiden gewesen: die Ehe-, Kinds- und Entmündigungssachen sind im vierten Bande des Grundrisses, der Urkunden- und der Wechselprozeß im siebenten untergebracht. Die Lehre von der Zwangsvollstreckung gehört dem zehnten Bande an.

Eine Aufnahme der geschichtlichen Entwickelung in diesen Band war schon darum nicht recht angängig, weil sonst die Einheitlichkeit der Darstellung gestört worden wäre, überdies auch der vorgeschriebene Umfang des Bandes die Aufnahme von drei Systemen gar nicht gestatten würde. In Band 18 ff. ist auch die geschichtliche Darstellung des Prozesses enthalten.

Dieser Band ist der zweite der zweiten Abteilung meines Grundrisses, welche das öffentliche Recht umfaßt, und trägt in der ganzen Sammlung die Nummer 9. Voran geht 8. Gerichtsverfassung; es folgen 10. Zwangsvollstreckung und Konkurs, 11. Staatsrecht und Verfassungsrecht, 12. Verwaltungsrecht, 13. Völkerrecht und internationales Recht, 14. Kirchenrecht, 15. Strafrecht, 16. Strafprozeß, 17. Militärrecht.

Die erste Abteilung ist dem bürgerlichen Rechte gewidmet: 1. allgemeiner Teil, 2. Recht der Schuldverhältnisse, 3. Sachenrecht, 4. Familienrecht, 5. Erbrecht, 6. Handelsrecht, 7. Wechselrecht.

Die äußere Rechtsgeschichte wird in der dritten Abteilung dargestellt: 18. römische Rechtsgeschichte, 19. deutsche Rechtsgeschichte, 20. brandenburg-preußische Rechtsgeschichte.

Jede Anregung zur Vervollständigung meines Grundrisses werde ich dankbar aufnehmen.

Breslau VII, im Oktober 1900.

**Posener.**

# Inhaltsverzeichnis.

# Einleitung.

I. Zivilprozeß: eine Art des Prozesses, d. i. rechtlich geordnetes Verfahren zur Erreichung eines bestimmten rechtlichen Zweckes (Zivilprozeß — Strafprozeß). — Zivilprozeß nicht das Normale, vielmehr freiwillige Rechtsverwirklichung durch den Verpflichteten ist das Ideal; Zivilprozeß das rechtlich geordnete Verfahren zur Wahrung bezw. Verwirklichung der durch das bürgerliche Recht geschützten Interessen mittelst einer Thätigkeit bestimmter Staatsorgane. [Processus aus kanon. R.]

II. Zivilprozeß im engeren Sinne: Verfahren in Sachen der streitigen Gerichtsbarkeit; — [ferner Verfahren in Sachen der freiwilligen (nicht-streitigen) Gerichtsbarkeit]. a. „Streitig": wenn Interesse des einen gegenüber dem eines anderen zu wahren ist, so daß entweder bereits ein Widerspruch erfolgt ist oder aber (Feststellung!) darauf zu rechnen ist. — b. „Freiwillig": kein Streit vorhanden, gerichtliche Mitwirkung bei der Gestaltung von Rechtsverhältnissen (Fischer); der Ausdruck „freiwillig" nicht zutreffend, denn auch hier Entscheidung, Zwang, Gerichtsbarkeit vorhanden. Reichsgesetz über die Angelegenheiten der freiwilligen Gerichtsbarkeit vom 17. Mai 1898, ferner Vorschriften in B, auch im L.

III. RV $4_{13}$: „Das gerichtliche Verfahren" Civilprozeßordnung nebst Einführungsgesetz vom 30. Januar 1877, in Kraft seit 1. Oktober 1879. — Infolge der Einführung des B umfangreiche Aenderungen notwendig; Gesetz, betreffend Aenderungen der Civilprozeßordnung, vom 17. Mai 1898, vom Reichskanzler kraft Ermächtigung durch Bekanntmachung vom 20. Mai 1898 der Text der geltenden Zivilprozeßordnung veröffentlicht; [Einführungsgesetz zu dem Gesetze, betreffend Aenderungen der Civilprozeßordnung, ebenfalls vom 17. Mai 1898.]

IV. Besonders hervorzuheben: bei Wechselforderungen gelten Zinsen 2c. als Nebenforderungen, als Wohnsitz von Deutschen, welche einem Einzelstaate nicht angehören, gilt Berlin, Vereine den Korporationen bezüglich des Gerichtsstandes gleichgestellt, Glaubhaftmachung des Ablehnungsgrundes bezüglich eines Richters durch Versicherung an Eidesstatt ist unzulässig, Parteifähigkeit gleich Rechtsfähigkeit, nichtrechtsfähige Vereine können verklagt werden, Ehefrau als solche auch prozeßfähig, Mangel der Parteifähigkeit von Amtswegen zu berücksichtigen. Kostenerstattung und Entschädigung des Gegners bzw. Zeugen für Reisen und Zeitversäumnis ausgedehnt, bei Kompensation der Kosten trägt jeder die Hälfte, selbständige Anfechtung der Kostenentscheidung bei Anerkenntnis, sofortige Beschwerde wegen der Kosten, auch wenn nicht in der Hauptsache entschieden ist, zur Prüfung des Festsetzungsgesuches Hilfe des Gerichtsschreibers zulässig, Privilegierung der Winkelkonsulenten, denen von Justizverwaltung mündliches Verhandeln vor Gericht gestattet ist (Prozeßagenten), Bestimmung über „Nachtzeit", Zustellungen von Amtswegen besonders geregelt, Fristen nach B zu berechnen, Feststellungsklage auch als Klage auf künftige Zahlung oder Räumung &c. möglich, prozeßhindernde Einrede auch die Einrede der Erledigung durch Schiedsrichter und die Einrede der mangelnden Parteifähigkeit, für Glaubhaftmachung im allgemeinen Versicherung an Eidesstatt zugelassen, Urteil wirkt für und gegen Parteien und Rechtsnachfolger, Ausschließung der Anerkennung ausländischer Urteile in fünf Fällen, bei Ablehnung von Sachverständigen Glaubhaftmachung durch eidesstattliche Versicherung nicht statthaft, Notfrist von einer Woche für Antrag auf nachträgliche Beeidigung bei Versäumung des Termins für Parteieidleistung, nochmaliger Antrag unstatthaft, zur Berufungsschrift soll erstes Urteil beigelegt werden, Klageänderung in der Berufungsinstanz nur mit Einwilligung des Gegners statthaft, Revisionsgericht kann an einen andern Senat des Berufungsgerichts zurückverweisen, Kostenbeschwerde gegen Oberlandesgericht nur bei mehr als hundert Mark zulässig, weitere Kostenbeschwerde gegen Landgericht nur bei mehr als fünfzig Mark, Widerspruch gegen Zahlungsbefehl binnen einer Woche, Aufgebotsverfahren bei Todeserklärung &c.

1. Kapitel:

# Allgemeine Lehren.

## § 1. Zivilprozeßmaximen.

I. Zivilprozeßmaxime: allgemeiner wesentlicher Grundsatz,

welcher der Gestaltung des Verfahrens bezw. dem Zivilprozeßrechte zu Grunde liegt. Unterscheidung der verschiedenen Systeme nach Maximen.

II. Arten.

1. Oeffentlichkeit (vgl. Grundriß Band 8 S. 20) — Heimlichkeit.

2. Wechselseitiges Gehör (Entscheidungen nicht auf einseitiges Vorbringen der einen Partei zu Ungunsten der anderen, vielmehr deren vorherige Anhörung) — einseitiges Gehör; nach Z für Urteile immer wechselseitiges Gehör, anders bei Beschlüssen und Verfügungen.

3. Verhandlungsmaxime (Gericht bei Entscheidung gebunden an Vorträge und Sachanträge der Parteien) — Offizialmaxime (Inquisitions-, Untersuchungsmaxime). Nach Z 308 Verhandlungsmaxime, aber durchbrochen bezüglich der Prozeßkosten und im Interesse der materiellen Wahrheit, z. B. Ehesachen 2c. [„Vorträge: Thatsachen und Beweismittel, auf welche sich die verhandelnden Parteien berufen; besonders unbestrittene Behauptungen; „Sachanträge“: Gericht ist nicht befugt, einer Partei etwas zuzusprechen, was nicht beantragt ist, insbesondere nicht Nebenforderungen.] Modifizierung der Verhandlungsmaxime durch das richterliche Fragerecht.

4. Parteibetrieb [Einleitung und Fortführung des Prozesses, Ausführung der Ladungen 2c. Sache der Parteien; Reinerhaltung des richterlichen Amtes] — Offizialbetrieb (soweit nicht mündliches Verfahren ist).

5. Freie Beweistheorie (Z $286_1$: das Gericht hat unter Berücksichtigung des gesamten Inhalts der Verhandlungen und des Ergebnisses einer etwaigen Beweisaufnahme nach freier Ueberzeugung zu entscheiden, ob eine thatsächliche Behauptung für wahr oder für nicht wahr zu erachten sei) — formale Beweisregeln (Z $286_2$: an gesetzliche Beweisregeln ist das Gericht nur in den durch dieses Gesetz bezeichneten Fällen gebunden); vgl. EZ 14; — Beweiskraft des Sitzungsprotokolles, des Urteilsthatbestandes.

6. Unmittelbarkeit (Mündlichkeit) — Mittelbarkeit (Schriftlichkeit). Nach Z Mündlichkeit, aber modifiziert durch vorbereitende Schriftsätze.

7. Unentgeltlichkeit — Entgeltlichkeit (aber Armenrecht).

8. Einheitlichkeit der Verhandlung (neues Vorbringen bis zum Schluß derselben Instanz statthaft — Zäsur (Dezäsierungsprinzip, mit Schluß jeder Sitzung hört die Befassung des Gerichtes mit der Sache auf, Zerlegung des Verfahrens durch Interlokut, d. i. Zwischenurteil, in das Stadium der Behauptung und Stadium des Beweises).

9. Einlassungszwang (Partei gezwungen, beim Verfahren mitzuwirken) — Präklusionssystem (Fortgang des Verfahrens gesichert durch Ausschluß der unthätigen Partei mit Prozeßhandlungen). Eine successive Präklusion ist die Eventualmaxime, welche bestimmte Reihenfolge der Prozeßhandlungen voraussetzt; jede Partei hat bis zu einem bestimmten Abschnitte des Verfahrens alles ihr zu Gebote Stehende in omnem eventum vorzubringen; (heute für prozeßhindernde Einreden).

### § 2. Gerichtsbarkeit.

I. Ordentliche streitige Gerichtsbarkeit G 12; vgl. Grundriß Band 8 S. 17 ff.

II. Trennung der Justiz von der Verwaltung: aber Verbindung der Rechtspflege mit der Justizverwaltung statthaft.

III. Besondere streitige Gerichtsbarkeit vgl. Grundriß Band 8 S. 17 ff.

IV. Ausübung der Gerichtsbarkeit vgl. Grundriß Band 8 S. 20.

V. Ausübung der Gerichtsbarkeit nur durch die hierzu Befugten; vgl. S 132.

VI. Ausübung ausländischer Gerichtsbarkeit nur insofern, als Völkerrecht und deutsche Gesetze es gestatten.

2. Kapitel:

# Bethätigung der Organe.

1. Abschnitt:

## Die Gerichte.

### § 3. Ausschluß von Richtern.

I. Gemäß Z 41 ist ein Richter von der Ausübung des Richteramtes kraft Gesetzes ausgeschlossen, wenn es sich um Sachen handelt, worin:

1. er selbst Partei oder mitberechtigt, mitverpflichtet, regreßpflichtig ist;

2. seine jetzige oder frühere Ehefrau beteiligt ist;

3. seine Verwandten gerader Linie, seine Seitenverwandten bis zum dritten Grade, seine Verschwägerten gerader Linie, oder in der Seitenlinie Verschwägerte bis zum zweiten Grade, auch wenn die begründende Ehe aufgelöst ist;

4. er selbst gesetzlicher Vertreter gewesen ist oder hätte sein können;

5. Prozeßbevollmächtigter oder Beistand gewesen ist;

6. als Zeuge oder Sachverständiger vernommen ist;

7. er bereits in früherer Instanz oder im schiedsrichterlichen Verfahren bei der Erlassung der angefochtenen Entscheidung mitgewirkt hat (abgesehen von einer eventuellen Thätigkeit als ersuchter oder beauftragter Richter).

In diesen Fällen muß Richter sich von selbst enthalten, auch ohne Ablehnung; sonst Nichtigkeitsklage begründet.

II. Ablehnung eines Richters durch Ablehnungsgesuch der Partei bei dem Gerichte, welchem Richter angehört; zwei Fälle:

1. alle w. o. zu I genannten Möglichkeiten;

2. wegen Besorgnis der Befangenheit, z. B. Freundschaft, Feindschaft, entfernte Verwandtschaft, Verlöbnis mit einer Partei, vorherige Erteilung eines Rates in derselben Sache.

Glaubhaftmachung des Gesuches ev. durch Zeugnis des abgelehnten Richters, welcher ohnedies sich dienstlich äußern muß; eidesstattliche Versicherung ausgeschlossen. Entscheidung über Gesuch durch Beschluß; wird Gesuch für begründet erklärt, dann kein Rechtsmittel; sonst sofortige Beschwerde. — Vgl. Z 47 und 48.

## § 4. Sachliche Zuständigkeit.

I. Zuständigkeit: Vorschrift darüber, welches von den vielen deutschen Gerichten zur Entscheidung befugt ist. Sachliche: ob Prozeß vor Amtsgericht oder vor Landgericht gehört; örtliche: vor das Gericht welchen Bezirkes. Ausschließliche: vor dieses und kein anderes, ohne Rücksicht auf Partei, Mangel von Amtswegen zu berücksichtigen; nicht ausschließliche: Parteien können ein anderes als das eigentlich zuständige (sachlich oder örtlich!) vereinbaren; [eine solche Vereinbarung forum prorogatum, nur statthaft: a. wenn mit Bezug auf Gericht erster Instanz; b. wenn für bestimmtes Rechtsverhältnis und die aus demselben entspringenden Rechtsstreitigkeiten; c. wenn für vermögensrechtliche Ansprüche; d. wenn nicht begründet ist ein ausschließlicher Gerichtsstand.]

II. Bestimmung des zuständigen Gerichts durch höheres Gericht (Justizverwaltungssache) sowohl im Prozesse wie für Mahnverfahren in 6 Fällen (Z 36).

III. Unter mehreren zuständigen Gerichten hat der Kläger die Wahl. — Sonst Regel: actor forum rei (des Beklagten) sequitur.

IV. Sachliche Zuständigkeit der Amtsgerichte vgl. Grundriß Band 8 S. 32, der Landgerichte ebenda S. 34, der Kammern für Handelssachen ebenda S. 37, der Oberlandesgerichte S. 38, des Reichsgerichts S. 39.

## § 5. Oertliche Zuständigkeit.

I. Allgemeine Gerichtsstände: für alle Klagen, wo nicht ein ausschließlicher Gerichtsstand gegründet ist.

1. Gst. des Wohnsitzes, forum domicilii, für Militärpersonen (Berufssoldaten) Garnisonort; Minderjährige können Gst. nicht selbständig begründen; Ehefrau in der Regel Gst. des Ehemanns, Kind des Vaters (uneheliches: der Mutter).

2. Gst. des Aufenthaltsortes für solche Personen, welche keinen Wohnsitz haben; gleichviel ob Aufenthalt dauernd oder vorübergehend.

3. Gst. des letzten Wohnsitzes für solche Personen, welche keinen deutschen Wohnsitz und keinen Aufenthaltsort haben.

4. Gst. des Sitzes für Gemeinden Korporationen 2c., gemäß Z 17; daneben besonderer Gerichtsstand durch Satzung bezw. Vertrag möglich.

II. Besondere Gerichtsstände: welche nur für gewisse einzelne Klagen oder für bestimmte Gattungen von Klagen gelten.

1. Gerichtsstand des Berufsaufenthaltes nur wegen vermögensrechtlicher Ansprüche für Personen, welche an einem Orte unter Verhältnissen, welche ihrer Natur nach auf einen Aufenthalt von längerer Dauer hinweisen, sich aufhalten; z. B. Dienstboten, Fabrikarbeiter, Gewerbegehilfen, Studenten, Schüler, Lehrlinge; vergl. auch Z $20_2$ — Z $689_2$.

2. Gst. der Niederlassung Z 21 für alle Klagen, welche auf den Geschäftsbetrieb der Niederlassung Bezug haben.

3. Gst. der Gemeinden, Korporationen ꝛc., auch für Klagen gegen Mitglieder als solche und von Mitgliedern untereinander; Z 22, Z 17.

4. Gerichtsstand des Vermögens (entsprechend dem forum arresti, aber nicht gleichbedeutend damit) für Personen, welche im deutschen Reiche keinen Wohnsitz haben, nur wegen vermögensrechtlicher Ansprüche; Zuständigkeit ist überall da begründet, wo sich Vermögen des Beklagten befindet, gleichviel ob es zur Zwangsvollstreckung ausreicht oder nicht.

5. Gst. der belegenen Sache (forum rei sitae) ist ausschließlich im Falle von Z 24; er ist ein besonderer Gst. auch im Falle von Z 25 und Z 26, hierbei aber nicht ausschließlich.

6. Gst. der Erbschaft (forum hereditatis) Z 27 und 28.

7. Gst. des Vertrages (forum contractus) Z 29; vergl. B 269 und 270.

8. Gst. für Meß- und Marktsachen Z 30.

9. Gst. der Vermögensverwaltung (forum gestae administrationis) Z 31.

10. Gst. der unerlaubten Handlung (forum delicti commissi) Z 32.

11. Gst. des Zusammenhanges (sachlich; forum connexitatis) Z 33; aber nicht begründet, wenn Prorogation nicht zulässig wäre. — Z 34 für Klagen der Prozeßbevollmächtigten, Beistände, Gerichtsvollzieher für Gebühren und Auslagen.

## § 6. Gerichtsschreiber.

I. Aufgaben und Befähigung vgl. Grundriß Band 8 S. 29.

II. Ausschluß und Ablehnung gemäß Z 49 wie bei Richtern: vgl. w. o. S. 4; die Entscheidung erfolgt durch das Gericht, bei welchem der Gerichtsschreiber angestellt ist.

III. Prozeßhandlungen, welche vor dem Gerichtsschreiber vorgenommen werden können, kein Anwaltszwang; [das Gleiche gilt bei dem Verfahren vor einem beauftragten oder ersuchten Richter].

2. Abschnitt:

## Die Nebenpersonen.

### § 7. Rechtsanwälte.

I. Befähigung, Zulassung, Organisation ꝛc. vgl. Grundriß Band 8 S. 30 ff. — Aufsicht führt der Vorstand der Anwaltskammer, welcher der Anwalt angehört.

II. Für das Verhältnis des Anwalts zu seinem Auftraggeber B 611 bis 630; Haftung des Anwalts für den Schaden, der dem Auftraggeber durch Verschulden des Anwalts entsteht B 276. Anwalt kann gemäß Z 102 vom Prozeßgerichte ex officio zur Tragung derjenigen Kosten verurteilt werden, welche durch sein grobes Verschulden veranlaßt worden sind [gegen diese Entscheidung sofortige Beschwerde.]

III. Anwalt hat Anspruch auf Erstattung von Auslagen und Gebühren.

a. Auslagen: Schreibgebühren (Kopialien), ferner bei Reisen für den Auftraggeber: Tagegelder und Reisekosten. b. Gebühren: entsprechend dem Umfange der Thätigkeit, unter Zugrundelegung des Wertes des Streitgegenstandes. [Zu unterscheiden: Prozeßgebühr für Information, Vorbereitung und Betrieb des Prozesses; Verhandlungsgebühr für Thätigkeit in der mündlichen Verhandlung; Beweisgebühr für Thätigkeit bei Beweisaufnahme; Vergleichsgebühr für Mitwirkung bei erledigendem Vergleiche. — Jede Gebühr in jeder Instanz nur einmal anrechenbar.] — Vorschuß.

### § 8. Gerichtsvollzieher.

I. Amtspersonen für selbständige Ausführung von Zustellungen und Zwangsvollstreckungen vgl. Grundriß Band 8 S. 30.

II. Kraft Gesetzes von der Ausübung des Amtes ausgeschlossen in den Fällen: a. wenn selbst Partei, gesetzlicher Vertreter einer Partei, Mitberechtigter, Mitverpflichteter oder Schadensersatzpflichtiger einer Partei; b. wenn jetzige oder frühere Ehefrau Partei; c. wenn Verwandte oder Verschwägerte gerader Linie oder in der Seitenlinie, bis zum dritten Grade Verwandte oder bis zum zweiten Grade verschwägerte Partei sind. — Keine Ablehnung wegen Besorgnis der Befangenheit.

III. Gerichtsvollzieher im Dienstvertragsverhältnisse zu seinem Auftraggeber (Reichsgericht; dagegen: kein Auftragsverhältnis, da der Gerichtsvollzieher selbständige causae cognitio habe). — Anspruch der Partei, daß Gerichtsvollzieher die durch sein grobes Verschulden verursachten Kosten trage, eventuell auch Verurteilung von Amtswegen Z 102. — Gerichtsvollzieher hat Anspruch auf Gebühren und Auslagen nach Maßgabe der Gebührenordnung; jetzt Neuregelung. Gerichtsvollzieher erhält Gehalt, muß daher Gebühren abführen.

IV. Beschränkung der Zuständigkeit auf bestimmte kleinere Bezirke, besonders wichtig für große Städte, welche in Gerichtsvollzieherbezirke eingeteilt werden. [In Kraft vom 1. Oktober 1900 ab.]

### § 9. Staatsanwaltschaft.

I. Organisation, Zuständigkeit, vgl. Grundriß Band 8 S. 28.

II. Mitwirkung in Ehesachen behufs Wahrung des öffentlichen Interesses: Staatsanwalt muß von Amtswegen von einem Termine benachrichtigt werden, kann allen Verhandlungen beiwohnen, sich mündlich gutachtlich äußern, zu Gunsten des Weiterbestehens der Ehe neue Thatsachen und Beweismittel vorbringen, er ist im Sitzungsprotokoll zu nennen Z 607; Staatsanwalt darf **Nichtigkeitsklage erheben** Z 632 und zwar gegen beide Ehegatten; dem Staatsanwalt gegenüber gilt Anwaltszwang nicht. — Mitwirkung in Kindschaftssachen Z 640, 641 wie bei Ehesachen; in Entmündigungssachen wegen Geisteskrankheit oder Geistesschwäche und in dem Wiederaufhebungsverfahren Mitwirkung des Staatsanwalts Z $646_2$.

## 3. Kapitel:

# Die Parteien.

### § 10. Allgemeines.

I. Begriff: diejenigen, welche sich in einer bürgerlichen Rechtsstreitigkeit als Gegner, welche am Ausgange unmittelbar beteiligt sind, gegenüber stehen; gleichviel ob für eigene oder fremde Rechnung, z. B. Konkursverwalter auch Partei. Hingegen Vertreter der Partei gelten nicht als Partei selbst.

II. Bezeichnung: bei der Klage Kläger und Beklagter; bei Zwangsvollstreckung, Arrest, Mahnverfahren: Gläubiger und Schuldner. — Hauptpartei und Nebenpartei, welche nur mittelbar am Ausgange beteiligt ist und die Hauptpartei wegen seines rechtlichen Interesses unterstützt.

III. Parteifähig: wer nach bürgerlichem Rechte rechtsfähig ist Z 50, d. h. die natürlichen und juristischen Personen; ferner aber gewisse Gesellschaften (Handelsgesellschaft, Genossenschaft, Hilfskasse, vereinzelt auch Behörden als solche). Ein nicht rechtsfähiger Verein kann verklagt werden, hat also passiv die Stellung eines rechtsfähigen Vereins.

IV. Pflichten der Partei (Stölzel): Behauptungspflicht (Substanziierungspflicht, Vorbringung der zur Verfolgung oder Verteidigung der Parteirechte erforderlichen Thatsachen); Erklärungspflicht bezl. der vom Gegner aufgestellten Behauptungen; Eidespflicht; Erfüllungspflicht.

V. Stirbt eine Partei während des Prozesses, dann wird Verfahren bis zur Aufnahme durch ihre Rechtsnachfolger unterbrochen Z 239; die Rechtsnachfolger treten ohne weiteres für die Partei ein.

VI. Mangel der Parteifähigkeit ist von Amtswegen zu berücksichtigen Z 56 1.

VII. Aktiv- und Passivlegitimation: die Klage muß gerade diesem Kläger, gegen gerade diesen Beklagten zustehen; insbesondere also Eigentümer, Gläubiger gegen Schuldner. Für fremde Rechnung sind legitimiert Konkursverwalter, preußischer Universitätsquästor 2c.

VIII. Prozeßfähigkeit, legitima persona standi in iudicio, ist die Fähigkeit, im Prozesse wirksam thätig zu sein. [Früher prozessualische Handlungsfähigkeit entsprechend der privatrechtlichen Verpflichtungsfähigkeit.] Eine Person ist insoweit prozeßfähig, als sie sich persönlich selbständig durch Verträge verpflichten kann, also jede geschäftsfähige natürliche Person, die beschränkt geschäftsfähigen aber nur, soweit gemäß B 110, 112 Ausnahmen von der Beschränkung zugelassen sind; vgl. Grundriß Band I S. 24 Nr. V. Eine Frau wird dadurch, daß sie Ehefrau ist, in der Geschäftsfähigkeit nicht beschränkt. — Für den Ausländer Prozeßfähigkeit nach dem Rechte seiner Heimat oder zu seinen Gunsten nach dem Rechte des Prozeßgerichts Z 55.

## § 11. Vertreter und Beistände.

I. Eine Partei, welche in einem Rechtsstreite Prozeßfähigkeit nicht hat, muß durch ihren gesetzlichen Vertreter, welcher sich nach bürgerlichem Rechte bestimmt, vertreten werden.

II. Prüfung von Amtswegen bzl. Prozeßfähigkeit, Legitimation des gesetzlichen Vertreters und der eventuell erforderlichen Ermächtigung (z. B. durch Generalversammlung einer Aktiengesellschaft) zur Prozeßführung.

III. Partei oder gesetzlicher Vertreter kann trotz des Mangels bei Gefahr im Verzuge zur Prozeßführung zugelassen werden. Endurteil aber erst dann zu erlassen, nachdem die für die Beseitigung des Mangels zu bestimmende Frist abgelaufen ist. — Ferner Z 57, 58.

IV. Verliert eine Partei während des Prozesses Prozeßfähigkeit, dann Unterbrechung Z 241.

V. Bevollmächtigter einer Partei: wer auf Grund einer Vollmacht als Vertreter der Partei Prozeßhandlungen für sie vornehmen kann. [„Vollmachtsvertrag!!" in Z 87, auch noch bei der Revision der Z stehen geblieben.]

1. Arten der Vollmacht: Partei kann Vollmacht erteilen zur Prozeßführung überhaupt (Prozeßvollmacht), für einzelne Prozeßhandlungen, ferner zur Empfangnahme von Schriftstücken (Zustellungsvollmacht). — Der Bevollmächtigte kann weiter Vollmacht erteilen: als Bestellung eines Vertreters z. B. bei Behinderung (Vertretungs-, Substitutions-, Unter-, Nachvollmacht), Zustellungsvollmacht, ferner Erteilung der Prozeßvollmacht für die höheren Instanzen.

2. Umfang der Vollmacht: gesetzliche Anordnung für Prozeßvollmacht ohne Rücksicht auf den Willen des Vollmachtgebers Z 81, 82. Beschränkung des gesetzlichen Umfanges Z 83. Mehrere Bevollmächtigte Z 84. — Ferner Z 85 bis 87.

3. Prozeßbevollmächtigter muß aufgestellt werden vor den Landgerichten und vor allen Gerichten höherer Instanz; nur ein bei dem Prozeßgerichte zugelassener Rechtsanwalt kann bevollmächtigt werden; Vollmacht nur für einzelne Prozeßhandlungen nicht statthaft. — Ausnahmen vom Anwaltszwang: a. für den bei dem Prozeßgerichte zugelassenen Anwalt selber, b. bei dem Verfahren vor einem beauftragten oder ersuchten Richter sowie bei Prozeßhandlungen, welche vor dem Gerichtsschreiber vorgenommen werden können.

4. Im Parteiprozesse sowie im Anwaltsprozesse vor dem ersuchten oder beauftragten Richter oder vor dem Gerichtsschreiber kann Partei den Rechtsstreit selbst oder durch jede prozeßfähige Person als Bevollmächtigten führen.

5. Mangel der Vollmacht kann in jeder Lage des Prozesses gerügt werden; soweit eine Vertretung durch Anwälte nicht geboten ist, Berücksichtigung des Mangels von Amtswegen.

VI. Beistand: wer mit der Partei bezw. dem Parteivertreter vor Gericht erscheint, um bei der Prozeßführung zu helfen, z. B. plädieren. Z 90.

## § 12. Beteiligung mehrerer an einer Parteirolle.

I. Streitgenossenschaft: mehrere Kläger (aktive Str.) oder mehrere Beklagte (passive). — Fälle: mehrere mit Beziehung auf den Streitgegenstand in Rechtsgemeinschaft, z. B. Miteigentümer, Miterben; Berechtigung oder Verpflichtung mehrerer aus demselben thatsächlichen und rechtlichen Grunde, z. B. Vertrag, unerlaubte Handlung; wenn gleichartige und auf einem im wesentlichen gleichartigen thatsächlichen und rechtlichen Grunde beruhende Ansprüche oder Verpflichtungen den Gegenstand des Rechtsstreits bilden, z. B. Hauswirt verklagt seine sieben Mieter auf Zahlung des Mietszinses aus den nach demselben Formulare abgeschlossenen Mietsverträgen. — Zu unterscheiden einfache und notwendige Streitgenossenschaft; letztere gemäß Z 62 dann, wenn das streitige Rechtsverhältnis allen Streitgenossen gegenüber nur einheitlich festgestellt werden kann oder aus einem sonstigen Grunde. — Z 63.

II. Hauptintervention: wer die res litigiosa für sich in Anspruch nimmt, ist bis zur rechtskräftigen Entscheidung des schwebenden Hauptprozesses berechtigt, gegen beide Parteien (als Streitgenossen) bei dem Gerichte des Hauptprozesses zu klagen.

III. Nebenintervention: wer ein rechtliches Interesse daran hat, daß in einem schwebenden Prozesse die eine Partei siege, kann dieser Partei zum Zwecke ihrer Unterstützung beitreten. Z 66 bis 71.

IV. Streitverkündung: wenn eine Partei für den Fall einer ihr ungünstigen Entscheidung Ansprüche gegen einen Dritten zu haben glaubt oder Ansprüche eines Dritten besorgt, kann sie bis zur rechtskräftigen Entscheidung dem Dritten gerichtlich den Streit verkünden, damit der Dritte seine Interessen wahre, ev. als Nebenintervenient; vgl. Z 72 bis 75.

V. Benennung des Dritten (laudatio oder nominatio auctoris): Der Besitzer einer Sache kann dem mittelbaren Besitzer vor der Verhandlung zur Hauptsache den Streit verkünden, ihn dem Kläger benennen rc. Z 76, 77.

4. Kapitel:

## Das Verfahren im allgemeinen.

### § 13. Prozeßhandlungen.

I. Parteihandlungen:

1. Angriffshandlung: Parteiantrag auf richterliche Entscheidung zu Ungunsten der anderen Partei, z. B. Klageerhebung, Exhibitionsantrag. [Angriffsmittel!] Angriffshandlung nur dann erfolgreich, wenn Antrag berechtigt ist, d. h. wenn er begründet ist (sich auf einen Rechtssatz stützt, Rechtsgrund) und wenn die vorliegenden Thatsachen die Voraussetzungen des Rechtssatzes erfüllen (thatsächlicher oder geschichtlicher Grund). Ein Begehren erscheint rechtlich begründet, wenn es sich als Schlußsatz (Konklusion, vermitteltes Urteil) eines Syllogismus ergiebt, bei welchem die Rechtsnorm den Obersatz (propositio major, allgemeine Regel) und die Thatsachen den Untersatz (propositio minor, besonderer Fall) bilden. [Syllogismus oder einfacher Schluß ist der echte mittelbare Schluß, der nur zwei Prämissen oder Vordersätze besitzt; der Syllogismus ist entweder ein vollständiger oder ein unvollständiger (Enthymem), besitzt er mehrere Vordersätze, dann ist er ein zusammengesetzter Schluß oder Schlußkette, welche wieder eingeteilt wird in vollständige oder abgekürzte (Kettenschluß, Sorites).]

2. Verteidigungshandlung: die Thätigkeit des Angegriffenen, um die ihn bedrohende, für ihn ungünstige Entscheidung abzuwenden.

3. Der Antrag kann unberechtigt und damit unwirksam erscheinen: a. rechtlich, indem der angeführte Rechtssatz nicht zutrifft; b. thatsächlich, indem die Wahrheit der thatsächlichen Behauptung bestritten wird; c. durch Geltendmachung einer Einrede, d. i. Berufung auf einen Rechtssatz, welcher die Wirksamkeit des im Antrage enthaltenen Rechtssatzes ausschließt [Vergleichung zwischen Einwendung und Einrede nach B und Z] Einrede

nicht identisch mit exceptio, denn exceptio ist enger und bedeutet nur solche selbständige Behauptungen des Beklagten, durch welche der sonst begründete Anspruch des Klägers beseitigt wird also Gegenrechte; Einrede ist jede selbständige Behauptung des Beklagten, welche zur Zurückweisung des klägerischen Anspruches führt, also rechtshemmend, rechtsaufhebend und exceptio; negative Litiskontestation ist keine Einrede. — Replik, Duplik, Triplik, Quadruplik ꝛc.

4. Gerichtliches Geständnis.

5. Zwischenstreit Z $214_1$, 303, 461.

II. Entscheidungen: jeder gerichtliche Ausspruch; richterliche Entscheidungen, z. B. Z 571, gerichtliche Entscheidungen z. B. Z $160_5$, Entscheidungen des Gerichtsschreibers Z 576. — Die richterlichen Entscheidungen zerfallen in Urteile, Beschlüsse, Verfügungen. Urteil: Ausspruch des erkennenden Gerichts als Entscheidung nach vorangegangener mündlicher Verhandlung; — Beschlüsse und Verfügungen sind alle übrigen, ein Erkenntnis nicht enthaltenden Aussprüche des Gerichts, und zwar: Beschlüsse gehen vom Gericht als solchem aus, Verfügungen vom Vorsitzenden oder beauftragten oder ersuchten Richter (regeln gewöhnlich nur den äußern Fortgang des Prozesses).

III. Zustellungen: maßgebliche schriftliche Mitteilung des Inhalts eines Schriftstückes, sodaß Beweis dafür erbracht ist, daß ein Schriftstück von jemand übergeben ist. Zu unterscheiden Zustellung auf Betreiben der Partei (durch Gerichtsvollzieher, Post, von Anwalt zu Anwalt; Postzustellung ist für Partei billiger als durch Gerichtsvollzieher, muß aber durch Gerichtsvollzieher oder Gerichtsschreiber vermittelt werden) und Zustellung von Amtswegen (besorgt der Gerichtsschreiber durch Gerichtsdiener oder Post. Vereinfachte Zustellung. — Oeffentliche Zustellung. — Z 166 bis 213.

IV. Ladung: Aufforderung (an Partei) oder Befehl (z. B. an Zeugen), vor Gericht zu bestimmtem Termine aus bestimmtem Grunde, welcher anzugeben ist, zu erscheinen, Ladung ist Sache der Partei: „ich lade“ muß z. B. in der Klageschrift stehen. — Ladung von Amtswegen, wenn Betrieb von Amtswegen statt hat. — Im Anwaltsprozesse außer der Ladung der Partei noch die Aufforderung, einen beim Prozeßgerichte zugelassenen Anwalt zu bestellen.

## § 14. Termine und Fristen.

I. Termin: rechtlich bedeutsamer Zeitpunkt; wird vom Gerichte bestimmt. Termine werden an Gerichtsstelle abgehalten, aber Ausnahmen Z 219. Bestimmung durch den Vorsitzenden oder den ersuchten oder beauftragten Richter. An Sonn- und Feiertagen nur in Notfällen. — Verlegung; Vertagung.

II. Frist: bestimmter Zeitraum, nach Jahren (Z $234_3$), Monaten (Z $516_1$), nach Woche, Tag, Stunde (Z 217). — Berechnung nach B 187 bis 193.

1. Einteilung: richterliche Fristen sind solche, deren Dauer vom Gerichte (Richter) bestimmt werden; gesetzliche, deren Dauer das Gesetz bestimmt (sie laufen z. B. von einer Zustellung an).

2. Einlassungsfrist: zwischen Zustellung der Ladung und dem ersten Termin zur mündlichen Verhandlung; im Anwaltsprozesse mindestens zwei Wochen, in Meß- und Marktsachen 24 Stunden, beim Amtsgerichte mindestens 3 Tage, wenn im Bezirke des Prozeßgerichtes, sonst im deutschen Reiche mindestens eine Woche; bei Zustellung im Auslande durch Gericht.

3. Ladungsfrist: zwischen Zustellung der Ladung in einer bereits anhängigen Sache und dem Termine; im Anwaltsprozesse mindestens eine Woche, wegen Wechselprozeß Z 604.

4. Zustellung vorbereitender Schriftsätze Z 132, 272 verschiedenartig befristet.

5. Notfristen: Die in der Z ausdrücklich als Notfristen bezeichneten Fristen, gegen deren Versäumung Wiedereinsetzung in den vorigen Stand (Z 230 bis 238!) erteilt werden kann, welche insbesondere durch Parteivereinbarung weder verlängert noch verkürzt werden können. Es giebt acht Notfristen in der Z: Einspruch, zwei Wochen Z 339; Antrag auf Terminsbestimmung zur nachträglichen Eidesleistung, eine Woche Z 466; Berufung, ein Monat Z 516; Revision, ein Monat Z 552; sofortige Beschwerde, zwei Wochen Z 577; Nichtigkeitsklage und Restitutionsklage, ein Monat Z 586; Anfechtungsklage gegen Ausschlußurteil, ein Monat Z 958; Aufhebungsklage gegen Schiedsspruch, ein Monat Z 1044; alle diese Fristen gesetzliche, nur bei Z $339_2$ wegen Zustellung im Auslande richterliche Notfrist. Notfristen laufen auch in Gerichtsferien weiter. Wahrung der Notfrist von Amtswegen zu prüfen. [Abkürzung der andern Fristen möglich.]

6. Unterbrechung und Aussetzung des Verfahrens Z 239 bis 252.

## § 15. Gang des Verfahrens. Mahnverfahren.

I. Im allgemeinen: klagende Partei lädt durch Zustellung eines Schriftsatzes, welcher ihren Antrag nebst Gründen sowie Ladung und im Anwaltsprozesse Aufforderung zur Anwaltsbestellung enthält. Die Klage wird bei Gericht zur Terminsbestimmung durch den Vorsitzenden eingereicht. [Ausnahme bei Amtsgerichten Z 500: an ordentlichen Gerichtstagen können die Parteien ohne Ladung und Terminsbestimmung vor Gericht erscheinen und mündlich Klage erheben.] In der Sitzung stellen die Parteien Sachanträge und verhandeln zur Sache; Behauptung muß mit Beweisantretung verbunden werden, „Beweisverbindung"; Verfahren darf nicht geteilt werden in Abschnitt für Behauptungen und Abschnitt für Beweis (Beweisurteil, Beweisinterlokut); Beweisbeschluß ist lediglich prozeßleitender Natur, ordnet die Aufnahme angebotener Beweise an und ist — im Gegensatze zum Beweisinterlokute — nicht bindend.

II. Ordentliches Verfahren ist das Verfahren vor Amtsgericht oder Kollegialgerichten; besonderes Verfahren weicht durch gewisse Eigentümlichkeiten ab, z. B. Einschränkung der Verhandlungsmaxime, Verkürzung der Beweismittel. Besondere Verfahrensarten sind: Urkunden- und Wechselprozeß [vgl. Grundriß Band 7] beginnt mit dem Beweise, Mahnverfahren beginnt mit Urteil, Arrestverfahren [Grundriß Band 10] beginnt mit Zwangsvollstreckung; ferner Verfahren in Ehe-, Kindschafts-, Entmündigungssachen [Grundriß Band 4], Aufgebotsverfahren, schiedsrichterliches Verfahren.

III. Einheitlichkeit des Verfahrens, aber drei Abschnitte möglich: a. Vorverfahren zur Erledigung der Frage, ob die Prozeßvoraussetzungen (diejenigen Erfordernisse, ohne welche das Gericht nicht entscheiden darf, ev. absolutio ab instantia) vorhanden sind; b. Verhandlung zur Hauptsache (ob Klageantrag sachlich gerechtfertigt erscheint, ev. absolutio ab actione; drei Teile des sachlichen Prozeßstoffes Begehren, Rechtsnorm, Thatsachen); c. Nachverfahren zur Reinigung des durch Eidesleistung bedingten Endurteils. — [Aber keineswegs eine Zäsur! vielmehr moderner Prozeß durchaus einheitlich. — Anders gemeinrechtlich: 1. erstes Verfahren, Wechsel von Schriftsätzen (Klage, Beantwortung, Replik, Duplik); 2. Produktionsverfahren, beginnt mit Beweisresolut (durch Rechtsmittel anfechtbares Urteil, welche mit Frist onus probandi und thema probandum festsetzt, nach Rechtskraft unumstößlich); dann folgt eigentliches Beweisverfahren, in welchem Beweisführer in Beweisfrist Beweis antritt; bei Zeugen: Einreichung von Beweisartikeln; — 3. Deduktionsverfahren über Ergebnis der Beweisaufnahme, es werden eingereicht Salvationsschrift (Beweis ist geglückt) und Impugnationsschrift (Beweis ist mißglückt); — hernach Urteil.]

IV. Vorbereitende Schriftsätze, für Anwaltsprozeß vorgeschrieben, Verstoß keine Rechtsnachteile, aber Kosten; Z 130 bis 133.

V. Mündliches Verhandeln; Aufklärungsrecht des Gerichts und Fragerecht; Sach- und Prozeßleitung, insbesondere Trennung, Verbindung, Aussetzung; Einheit der Verhandlung; Sitzungsprotokoll Z 136 bis 165. —

VI. Insbesondere das Mahnverfahren: auf Gesuch des Gläubigers wird wegen eines Anspruchs auf Zahlung einer bestimmten Geldsumme oder Leistung einer bestimmten Quantität vertretbarer Sachen oder Wertpapiere ein bedingter Zahlungsbefehl erlassen Z 688; Mahnverfahren unzulässig: a. wenn Leistung noch von Gegenleistung abhängt; b. wenn Zustellung im Auslande oder durch öffentliche Bekanntmachung erfolgen soll.

1. Zuständigkeit: a. sachlich, immer Amtsgericht, wenn auch über 300 Mark; b. örtlich, allgemeiner persönlicher Gerichtsstand, ev. Z 20 oder dinglicher Gerichtsstand.

2. Gesuch muß enthalten genaue Bezeichnung der Parteien, des Gerichtes, Gesuch um Erlassung des Zahlungsbefehls und bestimmte Angabe des Betrages oder Gegenstandes und des Grundes des Anspruchs; es reicht aus, daß als Grund „Schuld“ angegeben wird, denn Zahlungsbefehl ist nicht Urteil, sondern eine bedingte Verfügung, welche nur dann im Rechtsverkehre Wert hat, wenn die Voraussetzungen einfach sind; außerdem ist Erfordernis der Substanziierung hier schon darum durchaus unpraktisch, weil der Richter gar nicht nachprüfen kann; [für Zahlungsbefehl und ebenso für Klageschrift streitig, wie der Ausdruck „bestimmte Angabe des Grundes,“ Klagegrund, aufzufassen ist; Individualisierungstheorie (Wach, Fischer): es reicht aus wenn Anspruch so gekennzeichnet ist, daß Gegner weiß,

welches Verhältnis Kläger meint; Substanziierungstheorie: notwendig ist Angabe aller Thatsachen, aus welchen Recht hergeleitet wird; — Bedeutung für Klageänderung und exceptio rei judicate, besonders wichtig bei dinglichen Klagen.]

3. Schuldner binnen einer Woche den Gläubigern befriedigen oder Widerspruch beim Gerichte erheben; mit Zustellung des Zahlungsbefehles Rechtshängigkeit.

4. Folgen des Widerspruches Z 694 bis 698.

5. Ist Widerspruch nicht erhoben, dann nach Ablauf der Frist auf Antrag des Gläubigers vorläufige Vollstreckbarkeit, wenn nicht etwa Schuldner inzwischen noch Widerspruch erhoben hat. — Vollstreckungsbefehl. — Z 699.

6. Vollstreckungsbefehl steht einem für vorläufig vollstreckbar erklärten auf Versäumnis erlassenen Endurteile gleich; also dagegen Einspruch Z 700, 338 bis 346.

7. Erlöschen der Rechtshängigkeit, wenn nicht in 6 Monaten Klage Z 697, 701.

## § 16. Prozeßkosten. Sicherheit.

I. Kosten trägt gewöhnlich die unterliegende Partei; hat aber der Beklagte durch sein Verhalten keinen Anlaß zur Klageerhebung gegeben und erkennt er den Anspruch sofort an, dann fallen dem Kläger Prozeßkosten zur Last. Kostenentscheidung darf in der Regel nicht angefochten werden, wenn nicht Rechtmittel gegen Sachentscheidung eingelegt ist; aber zwei selbstverständliche Ausnahmen (Anerkenntnis; Fehlen einer Sachentscheidung). — Kostenfestsetzungsbeschluß. — Z 91 bis 107.

II. Sicherheitsleistung Z 108 bis 113. Insbesondere müssen klagende Ausländer wegen der Prozeßkosten Sicherheit leisten, aber fünf Ausnahmen: a. wenn in ihrer Heimat Deutsche von Sicherheit befreit sind, b. Urkunden- und Wechselprozeß; c. Widerklage, d. Klage auf öffentliche Aufforderung, e. Klage aus im Grundbuche eingetragenen Rechten.

## § 17. Armenrecht.

I. Wer außerstande ist, Kosten zu zahlen, ohne daß er dadurch den notwendigen Unterhalt für sich oder seine Familie beeinträchtigen würde, erhält Armenrecht bewilligt; jedoch darf die beabsichtigte Rechtsverfolgung oder Rechtsverteidigung nicht mutwillig oder aussichtslos erscheinen. Ausländer nur bei Gegenseitigkeit.

II. Armutsattest von Behörde (Polizei, Amtsvorsteher, auch vom Vormundschaftsgerichte z. B. für uneheliche Kinder); Bewilligung des Armenrechtes vom Prozeßgerichte der betreffenden Instanz.

III. Folgen der Bewilligung Z 115, 116; vgl. Z 117, 119 bis 127.

5. Kapitel:

# Das ordentliche Verfahren.

1. Abschnitt:

## In erster Instanz.

### § 18. Verfahren vor Landgerichten.

I. Klageerhebung durch Zustellung einer von einem am Prozeßgerichte zugelassenen Anwalte unterzeichneten Klageschrift, welche enthalten muß: a. Bezeichnung der Parteien und des Gerichts, b. Klagegrund und Antrag, c. Ladung zur mündlichen Verhandlung (Anwaltsbestellungen!)

II. Klagenhäufung Z 260.

III. Vor Zustellung der Klageschrift an Gegner ist Klageschrift beim Gerichtsschreiber einzureichen, damit Vorsitzender Termin bestimmt. Dann erst Zustellung an Gegner. Einlassungsfrist.

[IV. Z 263: durch die Erhebung der Klage wird die Rechtshängigkeit der Streitsache begründet; d. h. die Verfolgung des Anspruches ist jetzt nur durch diesen Rechtsstreit möglich; [„Prozeßverhältnis der Parteien".] Folgen der Rechtshängigkeit:

1. im bürgerlichen Rechte (bleibt unberührt Z 267): Verjährung B 209, 212, Prozeßzinsen B 219, Umfang des Anspruchs des Gläubigers B 292, ferner $407_2$, Haftung des Besitzers B 989, Ersatzpflicht des Eigentümers B $994_2$, Anspruch des Erben gegen Erbschaftsbesitzer B 2023;

2. nach Prozeßrecht (Z 263): Einrede der Rechtshängigkeit gegen anderweitiges Anhängigmachen der Streitsache, keine Veränderung der Zuständigkeit durch Veränderung der sie begründenden Umstände (Z 506 Ausnahme!), Klageänderung nur

in zwei Fällen statthaft: a. Einwilligung des Beklagten, b. wenn nach gerichtlichem Ermessen durch die Aenderung die Verteidigung des Beklagten nicht wesentlich erschwert wird. — [Klageänderung liegt nicht vor Z 268, wenn ohne Aenderung des Klagegrundes (es darf also nicht statt aus Leihe jetzt aus unerlaubter Handlung geklagt werden): a. die thatsächlichen oder rechtlichen Anführungen ergänzt oder berichtigt werden, b. Erweiterung oder Beschränkung des Antrages, c. statt des Gegenstandes wird wegen späterer Veränderung Surrogat gefordert, z. B. statt Pferd verlangt Kläger 1000 Mark.] Z 269, 270.

V. Zurücknahme der Klage ohne Einwilligung des Beklagten und bis zu dessen mündlichem Verhandeln zur Hauptsache, Z 271.

VI. Einlassung: a. überhaupt in eine mündliche Verhandlung bewirkt Verlust: des Ablehnungsrechtes von Richter und Gerichtsschreiber, der Rüge verzichtbarer Prozeßvorschriften, des Rechtes auf Verhandlung vor Kammer für Handelssachen; b. in die Verhandlung zur Hauptsache werden verloren: verzichtbare prozeßhindernde Einreden (Ausnahme!), Einwand der Klageänderung (weil Beklagter sich auf die veränderte Klage einläßt Z 269), Zurücknahmerecht des Klägers (ohne Einwilligung des Beklagten nicht mehr statthaft), laudatio auctoris.

VII. Mängel:

1. materielle, betreffen den Prozeßstoff: a. er ist mangelhaft beschaffen, z. B. ungenügend begründet, falsche Zeugen ꝛc.; b. er ist vom Richter mangelhaft beurteilt, z. B. falsche Rechtanwendung, inkorrekte Beweiswürdigung ꝛc. — Folge: Rechtsmittel;

2. formelle, betreffen das Verfahren: a. Fehlen der Prozeßvoraussetzungen, z. B. Prozeßunfähigkeit der Partei, gesetzwidrige Gerichtsbesetzung ꝛc.; b. ungesetzmäßige Art oder Form des prozessialischen Handelns, z. B. unbeeidigte Zeugenvernehmung, Mängel der Klageschrift, der Zustellungen ꝛc. — Folgen: in der Regel Ungültigkeit der betr. Prozeßhandlung; aber zu unterscheiden sind: a. unverzichtbare, vom Parteiwillen unabhängig, von Amtswegen zu berücksichtigen, öffentliches Interesse, Verzicht unwirksam, z. B. Prozeßunfähigkeit (natürlich, wenn die unfähige Partei selber klagt!); b. verzichtbare, in der Regel alle, bei denen das Gesetz nicht das Gegenteil vorschreibt, vom

Parteiwillen abhängig, Verzicht wirksam, geht durch Versäumung verloren;

3. besondere Art der formellen Mängel sind die teils verzichtbaren, teils unverzichtbaren prozeßhindernden Einreden Z 274, (Gründe, deren Vorliegen das Gericht zwingt, die Klage „angebrachtermaßen," also ohne Eingehen auf die Hauptsache, abzuweisen). Nur die folgenden sieben Einreden:

a. sachliche oder örtliche Unzuständigkeit des Gerichts; verzichtbar, wenn Prorogation zulässig (vgl. w. o. S. 5), sonst unverzichtbar;

b. Unzulässigkeit des Rechtweges, unverzichtbar; betrifft Zuständigkeit einer Verwaltungsbehörde G 13, EG $11_2$;

c. Entscheidung erfolge durch Schiedsrichter, verzichtbar, Z 1025 bis 1048;

d. Rechtshängigkeit, verzichtbar, Z 263;

e. mangelnde Sicherheit für Prozeßkosten; verzichtbar; kann nur gemäß Z 110 bis 113 bei Ausländern verlangt werden; [Klage gegen Aktiengesellschaft seitens der Minderheit (H $269_3$) oder seitens eines Aktionärs (H $272_3$): Kläger muß auf Antrag dem Beklagten, also d. Ges., wegen der drohenden Nachteile Sicherheit leisten];

f. noch nicht erfolgte Kostenerstattung eines durch Klagezurücknahme erledigten Vorprozesses Z $271_4$, verzichtbar;

g. mangelnde Parteifähigkeit, mangelnde Prozeßfähigkeit, mangelnde gesetzliche Vertretung, sämtlich unverzichtbar; insbesondere liegt mangelnde gesetzliche Vertretung vor, wenn gesetzlicher Vertreter der geschäftsunfähigen Partei nicht legitimiert ist, wenn im Anwaltsprozesse Anwalt nicht am Prozeßgerichte zugelassen ist, auch bei Mangel der Vollmacht im Anwaltsprozesse (Z 88, der einzige unverzichtbare Mangel, welcher nicht von Amtswegen zu berücksichtigen ist).

Die unverzichtbaren Einreden können immer, auch nach Verzicht, vorgebracht werden; die verzichtbaren aber müssen bis zur mündlichen Verhandlung des Beklagten zur Hauptsache geltend gemacht werden, später sind sie nur statthaft, wenn Beklagter glaubhaft macht, daß er ohne sein Verschulden nicht im stande gewesen ist, sie vor der Verhandlung zur Hauptsache geltend zu machen. — Entscheidung ev. abgesondert und durch Urteil Z 275, s. noch Z 276.

VIII. Vorbereitendes Verfahren in Rechnungssachen, Auseinandersetzungen und ähnlichen Prozessen Z 277, 348 bis 354.

IX. Widerklage: eine selbständige Klage, welche Beklagter in dem auf die Vorklage anhängigen Verfahren — um Zeit und Kosten zu sparen — gegen Kläger erhebt; Beschränkungen: Z 278 bis 281. [Anders: Die Aufrechnungseinrede B 389, nicht selbständig, sondern bezweckt nur Abweisung der Klage, weil die Forderung aufgehoben sei.]

X. Feststellungsklage Z 256 bis 259.

XI. Versuch der Sühne Z 296; vgl. ferner noch Z 297 bis 299.

## § 19. Beweisverfahren.

I. Allgemeines Z 282 bis 293. — Beweis ist, abgesehen von Beweisregeln, die Thätigkeit der Partei, durch welche das Gericht Ueberzeugung von der Richtigkeit der Behauptung erhält. [Ueberzeugung ist Bewußtsein, daß eine Vorstellung wahr ist, und zwar darum, weil gegenüber den Zweifel die Gründe für die Wahrheit überwiegen; hingegen Gewißheit: Bewußtsein, daß Vorstellung wahr, weil jeder Zweifel ausgeschlossen ist.] Beim Beweise werden beide Parteien gehört, Ueberzeugung des Gerichts nur, wenn Gründe des Beweisführers gut; bei Glaubhaftmachung Z 294 hört das Gericht nur den einen und glaubt ihm, wenn seine Gründe plausibel sind, die Gegengründe hört das Gericht nicht; daher alle Beweismittel außer Eideszuschiebung bei Glaubhaftmachung statthaft.

II. Beweislast: für die Partei erwachsende Notwendigkeit, zur Herbeiführung der von ihr gewünschten Entscheidung. Kein Beweis: a. für bei dem Gerichte offenkundige Thatsachen (gerichtskundig — allgemein-notorisch), b. bei gerichtlichem Geständnisse. — Die Beweislast trägt Kläger für den Klagegrund, Beklagter für selbständige Einreden; bei negativer Litiskontestation ist Kläger beweispflichtig geblieben; Entscheidung nach materiellem Rechte, gesetzlich aber nicht geregelt (Entwurf I zum B §§ 193 ff. gab allerdings Bestimmungen). Bei Suspensivbedingung (wenn Kläger unbedingtes, Beklagter bedingtes Geschäft behauptet) streitig, je nachdem man annimmt, daß diese Bedingung nur Nebenstimmung zum Geschäfte sei [dann giebt Beklagter das vom Kläger behauptete Geschäft zu, muß aber die selbständige Einrede beweisen] oder aber das Geschäft zu einem ganz anderen machen [negative

Litiskontestation, Kläger hat zu beweisen, daß Geschäft unbedingt]. — Stölzel; Staub. — [Negativa non sunt probanda, stimmt aber nicht für condictio indebiti (Kläger hat Nichtbestehen der Schuld zu beweisen), auch nicht bei Illegitimitätsklage (Kläger muß Unehrlichkeit beweisen).]

III. Beweisaufnahme: Erhebung des Ergebnisses eines Beweismittels, z. B. durch Vernehmung eines Zeugen; geschieht in der Regel vor dem Prozeßgerichte, nur in besonderen gesetzlich bestimmten Fällen Ausnahme hiervon, keineswegs aber z. B. aus Rücksicht auf Prüderie [z. B. die Frau eines Anwaltes hat einen Kaufmann wegen eines schlecht sitzenden Kleides verklagt, sich aber geniert, zwecks Beweisaufnahme in diesem Kleide sich dem Gerichte zu zeigen]; Beschluß über Art der Beweisaufnahme ist unanfechtbar Z $355_2$; vgl. ferner Z 356, 357.

IV. Beweisverfahren wird durch Beweisbeschluß angeordnet Z 358, wenn ein solches besonderes Verfahren erforderlich ist, z. B. bei Augenschein, Zeugen und Sachverständigen, Eid, insbesondere aber, wenn Beweisaufnahme nicht vor dem Prozeßgerichte stattfindet; Z 359 bis 370.

V. Beweismittel: alles, was Beweisgründe liefern kann.

1. Augenschein Z 371, 372: Die vom Richter gemachte sinnliche Wahrnehmung zum Zwecke des Erkennens des Vorhandenseis bezw. der Beschaffenheit eines bestimmten Verhältnisses.

2. Zeuge Z 373 bis 401: Die nicht als Partei beteiligte Person, welche dem Gerichte ihr Wissen von thatsächlichen, selbst wahrgenommenen oder selbst erfahrenen Vorgängen mitteilt; [sachverständiger Zeuge: Wahrnehmung auf Grund besonderer Sachkunde]. Ladung von Amtswegen — Zeugniszwang; Ausnahmen:

a. in bestimmten Grenzen, für Geistliche Z $383_4$, Beamte 2c. Z $383_5$; insbesondere noch Z 383, Absatz 3; Z 385, Absatz 2;

b. vollständiges Zeugnisverweigerungsrecht:

α. für bestimmte Personenklassen Z 383 1 bis 3, aber Z 385; Richter ist zur Belehrung über Verweigerungsrecht verpflichtet;

β. für alle Zeugen, aber nur bezüglich bestimmter Fragen Z 384, jedoch auch hier Ausnahme von Z $384_1$ durch Z 385.

Beeidigung vor der Vernehmung Z 391, nur aus „besonderen Gründen nachträglich, [nicht aber aus alter Gewohnheit!] Parteien können auf Eid verzichten. — Unbeeidigt sind zu vernehmen Z 393: a. noch nicht 16 Jahre alt, b. kein Verständnis für Eid, c. nach S 161 Eidesunfähige, d. vgl. Z $393_3$, e. unmittelbar am Ausgange des Prozesses Beteiligte. — Vernehmung Z 394 bis 399. [Voreid promissorisch; Nacheid assertorisch. — Lex Salisch.] Verfahren bei Eidesabnahme Z 478 bis 484.

3. Sachverständige Z 402 bis 414: ein Unbeteiligter, welcher vermöge besonderer Kenntnisse oder Fertigkeiten das Gericht in der Wahrnehmung oder Beurteilung bestimmter Verhältnisse unterstützt; der Sachverständige ist nicht Richter, sondern Gehilfe des Richters; es ist also ganz verkehrt, jede Entscheidung eines Sachverständigen blind hinzunehmen und damit den Richter nur zum Telephon eines Laien zu machen; überflüssig ist der Sachverständige, wenn der Richter selbst entsprechende Kenntnisse hat z. B. Aehnlichkeit eines Porträts, Wert einer Münze, Sitz eines Kleides, Fähigkeit einer Sängerin 2c. [Unterscheidung vom Zeugen: Sachverständiger erfährt erst nach Ladung, was er darzulegen hat, Auswahl prinzipiell unbegrenzt; Zeuge hat seine Wahrnehmung vor der Ladung gemacht, Zahl auf die bestimmten Leute beschränkt, welche zugegen waren 2c.]

4. Urkunde Z 415 bis 444: jedes zum Beweise bestimmte (geeignete) Schriftstück. Arten: öffentliche, private, — wirkende, berichtende. — Abschrift, Urschrift, Auszug, Ausfertigung, Beglaubigung. — Echtheit. — Editionspflicht.

5. Eid Z 445 bis 477: feierliche Wahrheitsversicherung; ob der Leistende Atheist ist, bleibt unerheblich, denn den Eid leisten, heißt eine staatsbürgerliche Pflicht erfüllen, nicht ein Kirchengebot. Leistung immer persönlich. — Hier ist der von der Partei zu leistende Eid gemeint, nicht etwa der Zeugeneid. — Zwei Arten des Parteieneides:

a. zugeschobener Eid; Eideszuschiebung (im Werte eines bedingten gerichtlichen Geständnisses) enthält Aufforderung an Gegner, er solle eine Behauptung des Zuschiebers, welche er bestritten habe, als unwahr oder als nach seiner Ueberzeugung nicht wahr (durch Eid) hinstellen. Zurückschiebung, Zulässigkeit. — Auferlegung durch bedingtes Endurteil, aber vier Ausnahmen (Auferlegung durch Beweisbeschluß ev. bedingtes Zwischenurteil Z 461, $595_4$). Läuterungsurteil, purificatoria. Bedeutung der Eidesverweigerung.

b. richterlicher Eid: Gericht legt ihn auf, um sich Ueberzeugung zu verschaffen, da das bisherige Ergebnis noch nicht ausreicht. Auferlegung: bedingtes Endurteil oder Zwischenurteil.

VI. Sicherung des Beweises, Beweis zum ewigen Gedächtnisse Z 485 bis 494.

## § 20. Urteile.

I. Allgemeines. Z 300 bis 329. Verkündigung. Form. Inhalt: Tenor (Urtelsformel), Thatbestand, Gründe, (Stölzel, Daubenspeck). Berichtigung.

II. Arten: a. Endurteil giebt eine Endentscheidung, schließt also für die eine Instanz den Rechtsstreit ab, entweder vollständig (Vollurteil) oder für einen Teil des Umfanges des Rechtsstreites (Teilurteil); gegen Endurteile Berufung bezw. Revision [anders: Versäumnisurteile]; b. Zwischenurteil: jedes Urteil, welches nicht Endurteil ist; im Gegensatze zu dem quantitativ erledigenden Teilurteile ist das Zwischenurteil qualitativ erledigend. [Arten des Zwischenurteils: a. über ein selbständiges Angriffs- oder Verteidigungsmittel, b. über einen Zwischenstreit, welcher schweben kann α. zwischen den Parteien z. B. wegen Klageänderung, β. zwischen Partei und einem Dritten z. B. wegen Nebenintervention; das Zwischenurteil zu β heißt Zwischenstreiturteil.] Zwischenurteile können erst zusammen mit Endurteil angefochten werden und sind auch nicht selbständig vollstreckbar; aber Ausnahmen: a. gegen Zwischenstreiturteil sofortige Beschwerde; b. hinsichtlich der Rechtsmittel gelten als Endurteile Z $275_2$, $304_2$; c. sowohl hinsichtlich der Rechtsmittel als auch hinsichtlich der Zwangsvollstreckung gelten als Endurteile Z $540_3$, $599_3$.

III. Rechtskraft Z 705 bis 729; [vgl. Grundriß Band 10].

IV. Kontradiktorische Urteile, Anerkenntnisse, Versäumnisurteile; bedingte — unbedingte Urteile.

## § 21. Verfahren vor Amtsgerichten.

I. Parteiprozeß, wie vor Landgerichten, aber kein Anwaltszwang, einfachere Formen, stärkere Bethätigung des Gerichts Z 495 bis 510.

II. Klageerhebung, schriftlich oder zu Protokoll; an Gerichtstagen mündlich.

III. Verlesung der Sachanträge der Parteien nicht erforderlich; der Amtsrichter hat bei der mündlichen Verhandlung darauf hinzuwirken, daß die Parteien über alle erheblichen Thatsachen sich vollständig erklären und die sachdienlichen Anträge stellen. Wegen prozeßhindernder Einreden Z 504, keine Verweigerung der Einlassung zur Hauptsache — Zuständigkeitsveränderung. Protokoll. Sühneversuch.

## § 22. Versäumnisverfahren.

I. Versäumnis: wenn Partei ohne Entschuldigung (auch gesetzlich! Z 335, 337) in der mündlichen Verhandlung nicht erscheint oder aber zwar erscheint, jedoch nicht verhandelt. [Wenn Partei verhandelt, aber sich über Thatsachen, Urkunden, Eideszuschiebungen nicht erklärt, dann kein Versäumnisurteil.]

II. Erfordernisse: Klage, Ladung, Versäumnis, Antrag auf Versäumnisurteil; es wird nicht Anerkenntnis fingiert, sondern Geständnis Z $331_1$.

III. Beklagter ist säumig: Thatsachen des Klägers rechtfertigen Antrag: Versäumnisurteil, dagegen Einspruch; rechtfertigen nicht: Abweisung der Klage durch Endurteil, dagegen Rechtsmittel; Ladung 2c. fehlt (Z 335): Zurückweisung des Antrages auf Urteil durch Beschluß, dagegen sofortige Beschwerde.

IV. Kläger ist säumig: auf Antrag des Beklagten Abweisung der Klage.

V. Einspruch Z 340 bis 346.

# 2. Abschnitt:

# Ordentliche Rechtsmittel.

## § 23. Berufung.

I. Berufung findet gegen die in erster Instanz erlassenen Endurteile statt Z 511, also gegen Amtsgerichtsurteile ans Landgericht, gegen erstinstanzliche Landgerichtsurteile ans Oberlandesgericht.

II. Notfrist von einem Monate läuft von Zustellung an. — Berufungsschrift, Berufungsanträge.

III. Zurücknahme der Berufung so lange statthaft, als der Berufungsbeklagte seine mündliche Verhandlung noch nicht begonnen hat; von da ab nur mit seiner Einwilligung Z 515.

IV. Anschlußberufung Z 521, 522.

V. Aenderung der Klage ist nur mit Einwilligung des Gegners statthaft.

VI. Insbesondere Z 525 bis 534.

VII. Entscheidung Z 535 bis 544.

## § 24. Revision.

I. Revision findet gegen die oberlandesgerichtlichen Berufungsurteile an das Reichsgericht statt Z 545. Summa revisibilis fünfzehnhundert Mark, Z 546, 547.

II. Z 549: Revision kann nur darauf gestützt werden, daß die Entscheidung auf der Verletzung eines Reichsgesetzes oder eines Gesetzes, dessen Geltungsbereich sich über den Bezirk des Berufungsgerichtes hinaus erstreckt, beruhe; das Gesetz ist verletzt, wenn eine Rechtsnorm nicht oder nicht richtig angewendet worden ist; es ist stets in folgenden sieben Fällen verletzt:

a. unvorschriftsmäßige Besetzung des Gerichtes,

b. Mitwirkung eines kraft Gesetzes ausgeschlossenen Richters, wofern nicht ein darauf gestütztes Ablehnungsgesuch erfolglos war,

c. wenn ein wegen Befangenheit abgelehnter Richter mitgewirkt hat, obwohl Ablehnungsgesuch für begründet erachtet worden ist,

d. wenn Gericht zu Unrecht seine Zuständigkeit oder Unzuständigkeit angenommen hat,

e. wenn Partei nicht vorschriftsmäßig vertreten war, sofern sie nicht die Prozeßführung ausdrücklich oder stillschweigend genehmigt hat,

f. Verletzung der Oeffentlichkeit,

g. Urteil ohne Gründe.

III. Notfrist von einem Monate seit Zustellung.

IV. Verfahren Z 553 bis 556.

## § 25. Beschwerde.

I. Das dritte ordentliche Rechtsmittel Z 567, nur in den in der Z besonders hervorgehobenen Fällen und gegen solche eine vorgengige mündliche Verhandlung nicht erfordernde Entscheidungen, durch welche ein das Verfahren betreffendes Gesuch zurückgewiesen wird.

II. Fälle:

1. gegen Verfügungen, Beschlüsse, Zwischenurteile, bei denen Dritte unmittelbar beteiligt sind, Z $71_2$, $135_3$, $387_3$, $102_3$; $380_3$, $390_3$, $409_2$; G 160;

2. gegen Kostenentscheidungen Z $99_3$, $103_1$, $105_4$, $107_3$; gegen Oberlandesgericht aber nur, wenn über hundert Mark Z $567_2$, gegen Landgericht in Beschwerdeinstanz weitere Beschwerde wegen Kosten nur, wenn über fünfzig Mark Z $568_3$;

3. gegen Justizverwaltungsverfügungen oder Disziplinarmaßregeln Z 127, $619_3$, G $175_2$, 183;

4. gegen Entscheidungen in solchem Verfahren, in welchem kein Urteil ergeht, Z $656_2$, $663_1$, $678_2$, $680_3$; $699_2$, 793; $934_4$, $1045_3$;

5. gegen diejenigen Beschlüsse und Verfügungen, welche nicht mit Berufung und Revision (Z 512, 548) neben dem Endurteile angegriffen werden können, Z $319_3$; 336, $952_4$; $46_2$, $406_5$, 252;

6. gegen solche Entscheidungen, welche zwar nicht ausdrücklich die Aussetzung des Verfahrens anordnen oder ablehnen, aber thatsächlich einen Stillstand des Verfahrens herbeiführen oder verhindern (Reichsgericht analog Z 952);

7. ganz ausnahmsweise sogar gegen Urteile, Z $99_3$, $103_1$; auch Z $952_4$.

III. Arten: einfache Beschwerde, nicht an Frist gebunden. — Sofortige Beschwerde muß vor Ablauf der Notfrist von zwei Wochen eingelegt werden, aber Ausnahmen Z $577_2$.

IV. Verfahren Z 569 bis 576; entschieden wird durch Beschluß.

### 3. Abschnitt:

## § 26. Wiederaufnahme des Verfahrens.

I. Wiederaufnahme eines bereits durch rechtskräftiges Endurteil geschlossenen Verfahrens Z 578 geschieht durch Nichtigkeitsklage und durch Restitutionsklage.

II. Nichtigkeitsklage findet in vier Fällen statt: 1. nicht vorschriftsmäßige Gerichtsbesetzung, 2. wenn ein kraft Gesetzes ausgeschlossener Richter mitgewirkt hat (Ausnahme), 3. wenn ein erfolgreich abgelehnter Richter mitgewirkt hat, 4. nicht vorschriftsmäßige Parteivertretung (Ausnahme); in den Fällin 1 und 3 keine Klage, wenn ein Rechtsmittel hätte benutzt werden können. Notfrist: ein Monat. Ausschließliche Zuständigkeit Z 584.

III. Restitutionsklage findet in sieben Fällen statt: 1. bei vorsätzlicher oder fahrlässiger Parteieidesverletzung, 2. falsche Urkunde, 3. Zeugeneidesverletzung, ebenso beim Sachverständigen, 4. wenn Urteil durch strafbare Handlung erwirkt ist (vgl. Z $580_4$), 5. wenn Richter sich eines Amtsdeliktes schuldig gemacht hat, 6. Aufhebung eines strafgerichtlichen Urteils, auf welches das Urteil gegründet ist, 7. wenn die Partei a. ein in derselben Sache erlassenes, früher rechtskräftig gewordenes Urteil, oder b. eine andere Urkunde auffindet oder zu benutzen in den Stand gesetzt wird, welche eine ihr günstigere Entscheidung herbeigeführt haben würde; (im Falle b aber dann nicht, wenn das angefochtene Urteil darauf beruht, daß auf Grund einer Eidesleistung des Gegners die betreffende Thatsache oder deren Gegenteil für bewiesen erachtet ist; vgl. noch Z 581, 582.

IV. Vgl. Z 583 bis 591.

6. Kapitel:

# Aufgebot und Schiedsrichter.

## § 27. Aufgebotsverfahren.

I. Gerichtliche Aufforderung, welche öffentlich an eine Person unbekannten Aufenthaltes oder an unbekannte Personen zu bestimmtem Zwecke gerichtet wurde.

II. Fälle Z 960 bis 1023: a. Todeserklärung (B 13 bis 17); b. Ausschluß des Grundstückseigentümers (B 927); c. Ausschließung eines Hypothekengläubigers 2c. (B 1170, 1171; 887, 1104, 1112, 1269); d. Ausschließung von Nachlaßgläubigern (B 1970); e. Gesamtgläubiger (B $1489_2$); f. Schiffsgläubiger (H 765); g. Kraftloserklärung einer Urkunde.

III. Zuständigkeit: Amtsgericht. — Gesuch Z 947. Bekanntmachung. Aufgebotsfrist.

IV. Ausschlußurteil Z 952.

V. Anfechtungsklage Z 957.

## § 28. Schiedsrichterliches Verfahren.

I. Schiedsvertrag: Vereinbarung, daß eine Rechtsstreitigkeit zwischen den Parteien durch einen oder mehrere Schiedsrichter (Privatpersonen) entschieden werden soll Z 1025.

II. Schiedsvertrag über künftige Rechtsstreitigkeiten ohne Wirkung, wenn er sich nicht auf ein bestimmtes Rechtsverhältnis und die aus demselben entspringenden Rechtsstreitigkeiten bezieht. — Form Z 1027.

III. Ernennung Z 1028 bis 1031, Ablehnung wie beim Richter, außerdem wegen ungebührlicher Verzögerung (nur der nicht im Vertrage ernannte Schiedsrichter), ferner ohne weiteres Weiber, Minderjährige, Taube, Stumme, Leute mit Ehrverlust.

IV. Vgl. Z 1033 bis 1048.

FSC
www.fsc.org
MIX
Papier | Fördert gute Waldnutzung
FSC® C083411

Kolibri 360 GmbH
Ferdinand-Jühlke-Straße 7
99095 Erfurt, Deutschland
produktsicherheit@kolibri360.de